Impressum
Verlag: BABADADA GmbH, Nedderfeld 112 , 22529 Hamburg
Geschäftsführer / Verlagsleitung: Harald Hof
Druck: Books on Demand GmbH, In de Tarpen 42, 22848 Norderstedt

Imprint
Publisher: BABADADA GmbH, Nedderfeld 112 , 22529 Hamburg, Germany
Managing Director / Publishing direction: Harald Hof
Print: Books on Demand GmbH, In de Tarpen 42, 22848 Norderstedt

دبستان

school

classroom
پارکرن
divide
186/2
تەختە
board
هەوشا دبستانێ
مامۆستە
teacher
کاخەز
paper
نڤیساندن
write
پێنڤیسک
pen
desk
راستەک
ruler
پرتووک
book
خوەندەکار
pupil

چەوال

satchel

قووتی نڤیستۆک

pencil case

قەلەمرساس

pencil

نڤیستۆک تووژکر

pencil sharpener

ژێبر

rubber

نڤیسکا نیگارێ

drawing pad

نیگار

drawing

فرچەیا رەنگێ

paintbrush

قووتی رەنگ

paint box

مەقەس

scissors

لەزاق

glue

پرتووکا فێربوون

exercise book

وەزیفا مالێ

homework

هەژمار

number

زێدەکرن

add

دەرخستن

subtract

زێدەکرن

multiply

هەسباندن

calculate

A

تیپ

letter

ABCDEFG
HIJKLMN
OPQRSTU
VWXYZ

ئالفابە

alphabet

پەیڤ

word

نڤیسی

text

خواندن

read

گەچ

chalk

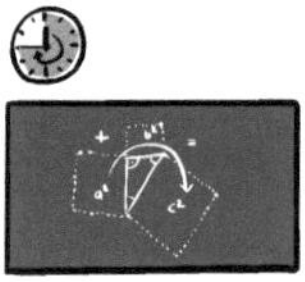

دەرس

lesson

قەیدکرن

register

ئیمتیهان

exam

شەهادە

certificate

کنجا دبستانی

school uniform

پەروەردەهی

education

زانستنامە

encyclopedia

زانینگە

university

میکرۆسکووپ

microscope

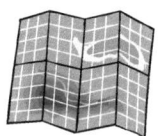

خەریتە

map

سەپەتا کاخەزی

waste-paper basket

رێوێتی
travel

مێڤانخانە
hotel
مێڤانخانە
hostel
ئۆفیسا پەرە ڤەگوهارتنێ
bureau de change
CHANGE
جەنتە
suitcase
ماشین
car

زمان
....
language

بەلێ / نا
....
yes / no

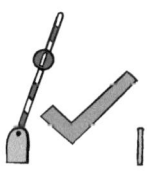

باش
....
Okay

سلاڤ
....
hello

وەرگێرا نڤیسکی
....
translator

سپاس
....
Thank you

بهایێ ... چ قاسە؟

....

how much is...?

ئەز فام ناکم

....

I do not understand

ئاریشە

....

problem

ئێڤارباش!

....

Good evening!

سپێدی باش!

....

Good morning!

شەڤ باش!

....

Good night!

خاترێ تە

....

bye bye

ئالی

....

direction

هوورموور

....

luggage

چەنتە

....

bag

چەنتە پشت

....

backpack

مێڤان

....

guest

ئۆدە

....

room

جامە خەو

....

sleeping bag

چادر

....

tent

ئاگاگیین گەڕۆکان

....

tourist information

ڕەخی ئاڤی

....

beach

کارتی قەرزی

....

credit card

تاشتی

....

breakfast

فراڤین

....

lunch

شیڤ

....

dinner

کارت

....

ticket

ئاسانسۆر

....

lift

پوول

....

stamp

نحووب

....

border

گومرگ

....

customs

بالیۆزخانە

....

embassy

ڤیزا

....

visa

پاساپۆرت

....

passport

گوھازتن

transport

ship
aeroplane
fire engine
bus
کامیۆن
truck
motorboat
دوچەرخە
bike
ماشین
car

پاپۆر

ferry

پاپۆر

boat

مۆتۆرسیکلێت

motorbike

ترمبێلا پۆلیسێ

police car

ترمبێلا پێشبازیێ

racing car

ئەرەبە کرێکرنێ

rental car

ماشین پەرڤەکرن

....

car sharing

کامیۆنا کشاندنێ

....

breakdown truck

کامیۆنا خوەلی

....

refuse truck

مۆتۆرسیکلێت

....

motor

مازۆت

....

fuel

ئیستەگەها بەنزینێ

....

petrol station

تابلۆیا ترافیکێ

....

traffic sign

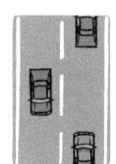

هاتنووچوون

....

traffic

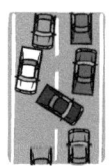

ترافیک

....

traffic jam

جهێ پارکێ

....

car park

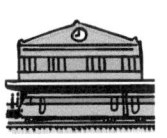

راوەستەگا ترێنێ

....

train station

رێچ

....

tracks

ترێن

....

train

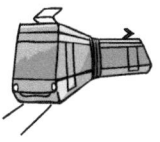

ترێنێ کۆلانێ

....

tram

عەرەبە

....

carriage

بابرۆک

helicopter

بالافرگەه

airport

برج

tower

مسافر

passenger

قووتی

container

قووتی

carton

گرگرۆک

cart

سەلک

basket

رابوون / نیشتن

take off / land

بازار

city

گوند

village

ناڤەندا بازاری

city centre

خانی

house

سینەما
cinema
ڕێکلام
advert
street lamp
رێ، کۆلان
street
تاکسی
taxi
دکان
snack shop
پیا
pedestrian
پەیارێ
pavement
رێیا دەربازبوونێ
zebra crossing
bin
رێیا دەربازبوونێ
crossing
چرایێن ترافیکێ
traffic lights

کوخ

hut

خانی

flat

راوەستگەها ترێنێ

train station

تەلارا شارەڤانی

town hall

مووزەخانە

museum

دبستان

school

زانینگە
....
university

بانک
....
bank

نەخۆشخانە
....
hospital

مێڤانخانە
....
hotel

دەرمانخانە
....
pharmacy

ئۆفیس
....
office

کتێبفرۆشی
....
book shop

دکان
....
shop

گولفرۆش
....
florist's

بازار
....
supermarket

بازار
....
market

سوپەرمارکەت
....
department store

ماسیفرۆش
....
fishmonger's

ناڤەندا کڕین
....
shopping centre

بەندەر
....
harbour

پارک

park

سەکوو

bench

پر

bridge

دەرنجە

stairs

ژێر ئەردێ

underground

توننەل

tunnel

ئیستگەها ئۆتۆبووس

bus stop

بار

bar

خوارنگەه

restaurant

سندووقا پۆستێ

postbox

نیشاندەرگا رێیێ

street sign

مەترا پارکینگێ

parking meter

باخچا هەیوانان

zoo

هەوزا مەلەڤانی

swimming pool

مزگەفت

mosque

جۆتگەه

farm

لەوتاندنا دەردۆر

pollution

گۆرستان

graveyard

کەنیسە

church

ئەردێ لەیستنێ

playground

پەرستگەه

temple

تەبیعەت

landscape

گەلا
leaf
نیشاندەرکا رێ
signpost
way
meadow
stone
hiker
دار
tree
چەم
river
گیا
grass
کولیلک
flower

دۆل

....

valley

گر

....

hill

گۆل

....

lake

دارستان

....

forest

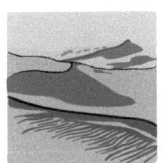

بەیابان

....

desert

ڤۆلکان

....

volcano

کەلەه

....

castle

کەسکەسۆر

....

rainbow

کڤارک

....

mushroom

دارقەسپ

....

palm tree

مخمخک

....

mosquito

مێش

....

fly

مێری

....

ant

هنگ

....

bee

پیرێ

....

spider

کێزک
....
beetle

بەق
....
frog

سهۆر
....
squirrel

ژیژۆک
....
hedgehog

کەرگوه
....
hare

پەپووک
....
owl

چڤیک
....
bird

قوو
....
swan

بەرازێ کۆڤی
....
boar

پەزکۆڤی
....
deer

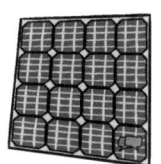

پەزکۆڤی
....
moose

بەنداڤ
....
dam

توورببینا با
....
wind turbine

پانەلا خۆرێ
....
solar panel

ئاڤ و هەوا
....
climate

خوارنگەه
restaurant

بەرکار
waiter
menu
کورسی
chair
شۆربە
soup
پیزا
pizza
چەتل و چەمچک
cutlery
سفرە
tablecloth

خوارنا دەستپێک
....
starter

خوارنا سەرەکی
....
main course

شێرانی
....
dessert

ڤەخوارنان
....
drinks

خوارن
....
food

جام
....
bottle

خوارنا لەز

fast food

خوارنا رێیێ

street food

چایدانک

teapot

قووتی شەکرێ

sugar bowl

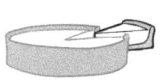

بەش

portion

مەکینا چێکرنێ ئەسپرەسسۆ

espresso machine

کورسیا بلیند

high chair

هەساب

bill

سێنی

tray

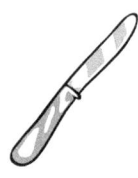

کێر

knife

چەتەل

fork

کەفچی

spoon

کەفچیا چای

teaspoon

پێشگر

serviette

قەدەه

glass

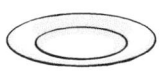

تەیفک
....
plate

تەیفکا شۆربە
....
soup plate

پیالە
....
saucer

چێنج
....
sauce

خوێدانک
....
salt pot

قووتی بیبار
....
pepper mill

سێک
....
vinegar

روون
....
oil

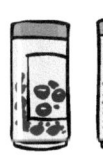

بهارات
....
spices

کەتچاپ
....
ketchup

موستارد
....
mustard

مایۆنێز
....
mayonnaise

بازار

supermarket

پێشکێشێن تایبەت
special offer
FOR
مشتەری
customer
شیرەمەنی
dairy
فێکی
fruit
trolley

قەسابی
....
butcher´s

دکانا نانپێژ
....
baker´s

وەزن کرن
....
weigh

سەبزە
....
vegetables

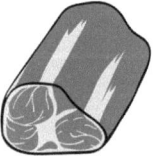

گۆشت
....
meat

خوارنێ جەمەدی
....
frozen food

گۆشتێ سار
....
cold meat

خوارنا پیلێ
....
tinned food

خوبارێ پاقژکرنێ
....
washing powder

شرینی
....
sweets

بەرهەمێن ناڤخوەیی
....
household products

بەرهەمێن پاقژکرنێ
....
cleaning products

فرۆشیار
....
salesperson

خەزنۆک
....
till

دراڤگر
....
cashier

لیستا کرینێ
....
shopping list

دەمێن ڤەکرى
....
opening hours

جزدان
....
wallet

کارتێ قەرزێ
....
credit card

چەوال
....
bag

چەنتە
....
plastic bag

ڤەخوارنان

drinks

ئاڤ

....

water

شەربەت

....

juice

شیر

....

milk

کۆمر

....

coke

شەراب

....

wine

بیرا

....

beer

ئالکۆل

....

alcohol

کاکۆ

....

cocoa

چای

....

tea

قەهوە

....

coffee

ئەسپرەسسۆ

....

espresso

کاپۆچینۆ

....

cappuccino

خوارن

food

مۆز

....

banana

سێڤ

....

apple

پرتەقالی

....

orange

گوندۆر

....

melon

لیمۆن

....

lemon

گێزەر

....

carrot

سیر

....

garlic

قامر

....

bamboo

پیڤاز

....

onion

قارچک

....

mushroom

گەویز

....

nuts

شهیره

....

noodles

سپاگێتی

....

spaghetti

برنج

....

rice

سەڵەتە

....

salad

چیپس

....

chips

پەتەیا براشتی

....

fried potatoes

پیزا

....

pizza

هامبورگەر

....

hamburger

نانۆک

....

sandwich

گۆشتی ستوویی بەرخی

....

cutlet

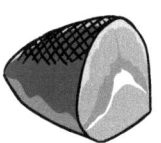

گۆشتی هشککری

....

ham

سالامی

....

salami

سۆسیس

....

sausage

مریشک

....

chicken

برژارتن

....

roast

ماسی

....

fish

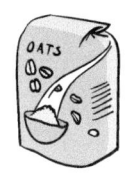

شۆربە بلوول

porridge oats

مووسلی

muesli

کەرتێن گلگلان

cornflakes

ئارد

flour

جرۆسسانت

croissant

سەموون

bread roll

نان

bread

تۆست

toast

نانک

biscuits

نڤیشک

butter

ماست

curd

کولیچە

cake

هێک

egg

هێکا قەلاندی

fried egg

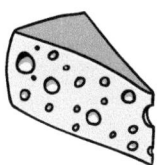

پەنیر

cheese

دۆندرمە

....

ice cream

شەکر

....

sugar

هنگڤ

....

honey

مرەبا

....

jam

خامەیا نۆوگات

....

chocolate spread

کوڕی

....

curry

جۆتگەه

farm

خانیا چولگا
farmhouse
تەپکا پووشێ
straw bale
کادین
barn
field
horse
کاروان
trailer
تراکتۆر
tractor
جانی
foal
کەر
donkey
بەران
sheep
بەرخ
lamb

بزن

goat

چێلەک

cow

گۆلک

calf

بەراز

pig

خنزیرک

piglet

بۆخە

bull

قاز

....

goose

مراڤی

....

duck

جووچک

....

chick

مریشک

....

hen

کەلەشێر

....

cock

جرج

....

rat

کتک

....

cat

مشک

....

mouse

گا

....

ox

کووچک

....

dog

خانیا کووچکێ

....

doghouse

خانی باخێ

....

garden hose

قووتیکا ئاڤدانێ

....

watering can

شالووک

....

scythe

گاسن

....

plough

داس

....

sickle

مەربێر

....

hoe

دارساپک

....

pitchfork

بڤر

....

axe

دەستگەرە

....

wheelbarrow

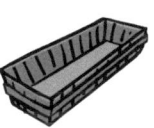

قووتی خوارنا جانداران

....

trough

قووتی شیر

....

milk can

توور

....

sack

چەپەر

....

fence

ئاخور

....

stable

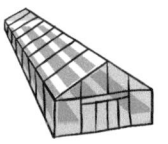

خانا کولیلکان

....

greenhouse

ئاخ

....

soil

دەندک

....

seed

پەین

....

fertilizer

کۆمباین

....

combine harvester

زاد

harvest

زاد

harvest

پەتەتە

yams

گەنم

wheat

فاسۆلی

soy

پەتەتە

potato

دەخل

corn

دندک

rapeseed

داری فێکی

fruit tree

سێڤێ بن ئەردی

cassava

زاد

cereals

خانی

house

chimney
بانی
roof
بۆریا ناڤێ
drainpipe
پاجە
window
گاراژ
garage
زەنگلێ دەرى
doorbell
دەرى
door
rubbish bin
قوتییا پۆستێ
letterbox
باخچە
garden

ئۆدا روونشتنێ
....
living room

هەمام
....
bathroom

مەتبەخ
....
kitchen

ئۆدا خەوێ
....
bedroom

ئۆدەیا زارۆک
....
child's room

ئۆدا شیڤێ
....
dining room

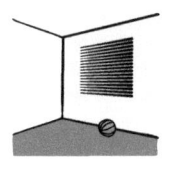

بنی

....

floor

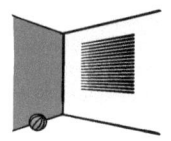

دیوار

....

wall

بەربان

....

ceiling

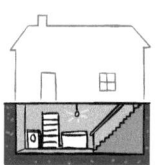

خەنزک

....

cellar

ساونا

....

sauna

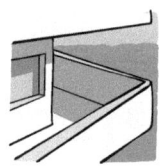

بالکۆن

....

balcony

بەردانک

....

terrace

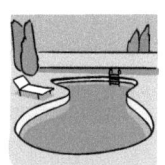

هەوزا مەلەڤانی

....

pool

چیمەن بڕ

....

lawn mower

مەلهەفە

....

sheet

بەتانی

....

bedspread

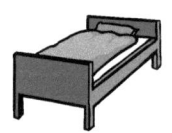

نڤین

....

bed

گەزک

....

broom

ساتل

....

bucket

کلیل

....

switch

ئۆدا روونشتنێ

living room

کاخەزێ دیوار
wallpaper
وێنە
picture
لامپا
lamp
رەف
shelf
دۆلاب
cupboard
تەلەفیسیۆن
television
ئاگردان
fireplace
گولیلک
flower
سەرین
cushion
قەنەپە
sofa
گولدانک
vase
کۆنترۆلا دوور
remote control

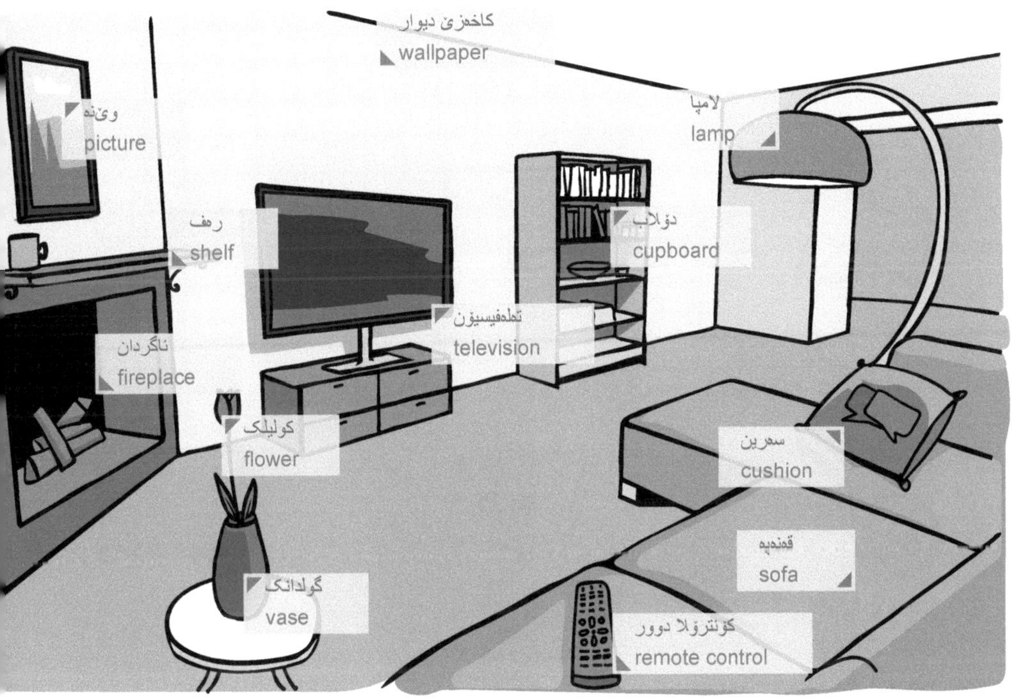

خالیچە

carpet

پەردە

curtain

مێز

table

کورسی

chair

کورسیا هەژانۆک

rocking chair

کورسی

armchair

پرتووک

book

بەتانی

blanket

خەملاندن

decoration

ئێزنگ

firewood

فیلم

film

هـ-ف

hi-fi equipment

کلیل

key

رۆژنامە

newspaper

نیگار

painting

پۆستەر

poster

رادیۆ

radio

دەفتەر

notepad

سڤنکا ئەلەکتریکی

hoover

کاکتووس

cactus

مۆم

candle

مەتبەخ
kitchen

سارنج
fridge
مایکرۆڤەیف
microwave oven
تەرازیا مەتبەخێ
ئاموورا نان گەرمکرنێ
toaster
پاگژکەر
detergent
سۆبە
oven
سارکەر
freezer
فراخێ زبلێ
rubbish bin
فراقشۆک
dishwasher

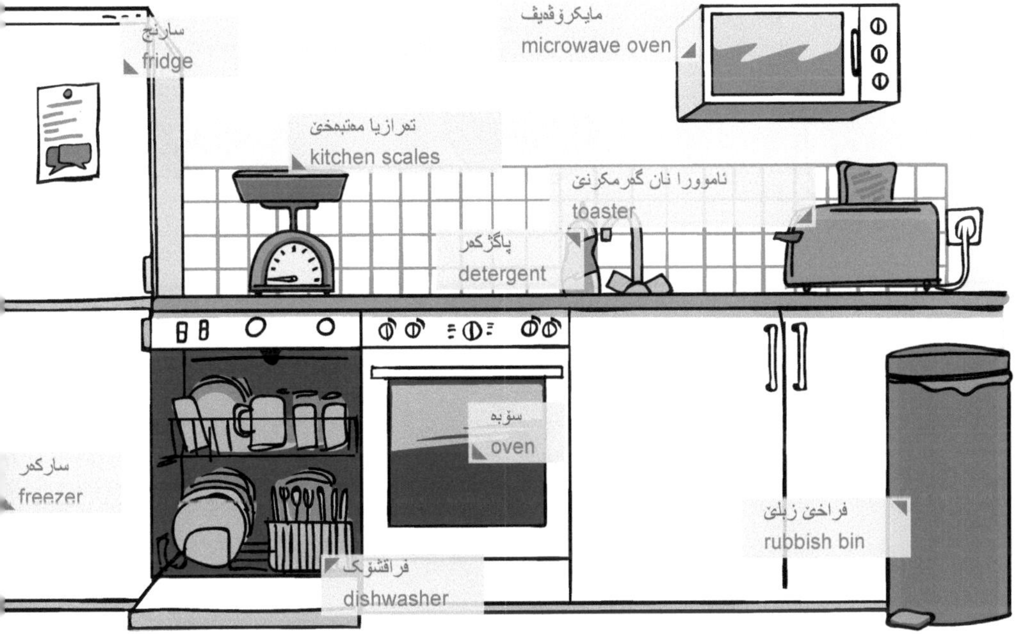

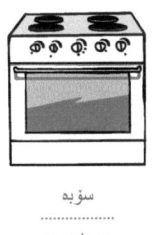

سۆبە

cooker

ئامان

pot

ئامانێ ئووتوو

cast-iron pot

فراقێ مەزن

wok / kadai

دیزک

pan

کەلینک

kettle

فراقی هلمێ

steamer

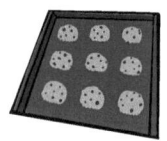

سێنی نانێ

baking tray

فراق

crockery

پیاله

mug

کاسک

bowl

داری نانخوارن

chopsticks

هەسک

ladle

کەڤچیا مەزن

spatula

رینەک

whisk

کەفگیر

strainer

بێژنگ

sieve

رێشکەر

grater

دەستار

mortar

براشتن

barbecue

ئاگرێ ڤالا

open fire

تەختەیا بڕینێ

....

chopping board

دارکێ تیرێ

....

rolling pin

دەڤک بادەک

....

corkscrew

قووتی

....

can

قووتیڤەکر

....

can opener

جاوێ ئامانان

....

pot holder

دەستشۆ

....

sink

فرچە

....

brush

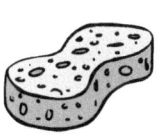

پارازۆا

....

sponge

تەڤدێر

....

blender

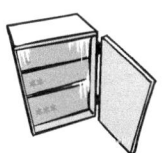

سارگەرێ جەمەدی

....

deep freezer

شووشە بەبگان

....

baby bottle

هەنەفی

....

tap

هەمام

bathroom

گەرمژانک
heating
خاولی
towel
دووش
shower
پەردەیا هەمامێ
shower curtain
کەفێ هەمام
bubble bath
هەوزا هەمام
bathtub
قەدەه
glass
جلشۆک
washing machine
هەنەفی
tap
ئاجوور
tiles
توالەتا زارۆکان
potty
دەستشۆ
sink

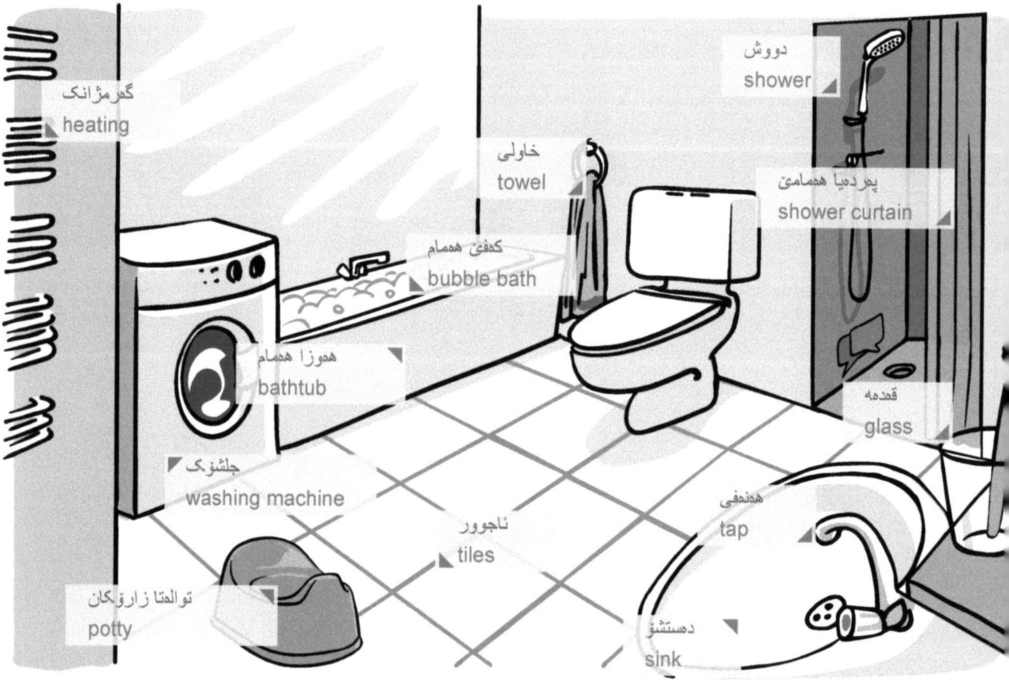

توالەت

toilet

توالەتا ئەردی

squat toilet

توالەت

bidet

ئاڤدەستخانا مێڕان

urinal

کاخەزا توالەت

toilet paper

فرشەیا توالەت

toilet brush

38 هەمام - bathroom

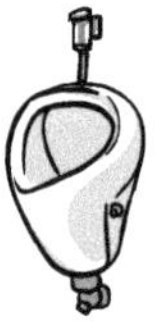

فرچەیا دران

toothbrush

مەجوونا دران

toothpaste

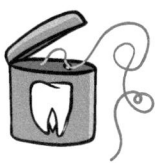

نەخا ددان

dental floss

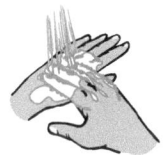

شووشتن

wash

دووشێ دەستێ

handheld shower

دووش

douche

دەستشۆ

basin

فرچا پشت

back brush

سابوون

soap

جێلێ هەمام

shower gel

شامپۆ

shampoo

فانیلە

flannel

زێراب

drain

کرێم

cream

بێهن خوشکر

deodorant

مرێک
....
mirror

مرێکا دەستێ
....
hand mirror

گووزان
....
razor

کەفێ تەراشینێ
....
shaving foam

مەجوونا پشتی تەراشینێ
....
aftershave

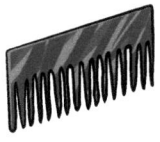

شەه
....
comb

فرچە
....
brush

پۆر هیشککر
....
hair dryer

سپرایا پۆرێ
....
hairspray

کۆزمەتیک
....
makeup

سۆراڤک
....
lipstick

رەنگێ نینۆک
....
nail varnish

پەمبوو
....
cotton wool

مەقەستا نینۆک
....
nail scissors

پارفووم
....
perfume

چەوالێ هەمامێ

....

washbag

کورسیا بێپشت

....

stool

تەرازی

....

weighing scale

کنجا هەمامێ

....

bathrobe

لەپکا لاستیکێ

....

rubber gloves

تامپۆن

....

tampon

خاولیا پاقژکرنێ

....

sanitary towel

توالەتا کیمییەوی

....

chemical toilet

ئۆدەیا زارۆک

child's room

دەمژمێرک
alarm clock
لیستوک
cuddly toy
ماشینا لیستوک
toy car
خشخشۆک
rattle
مالا لیستوک
doll's house
خەلات
present

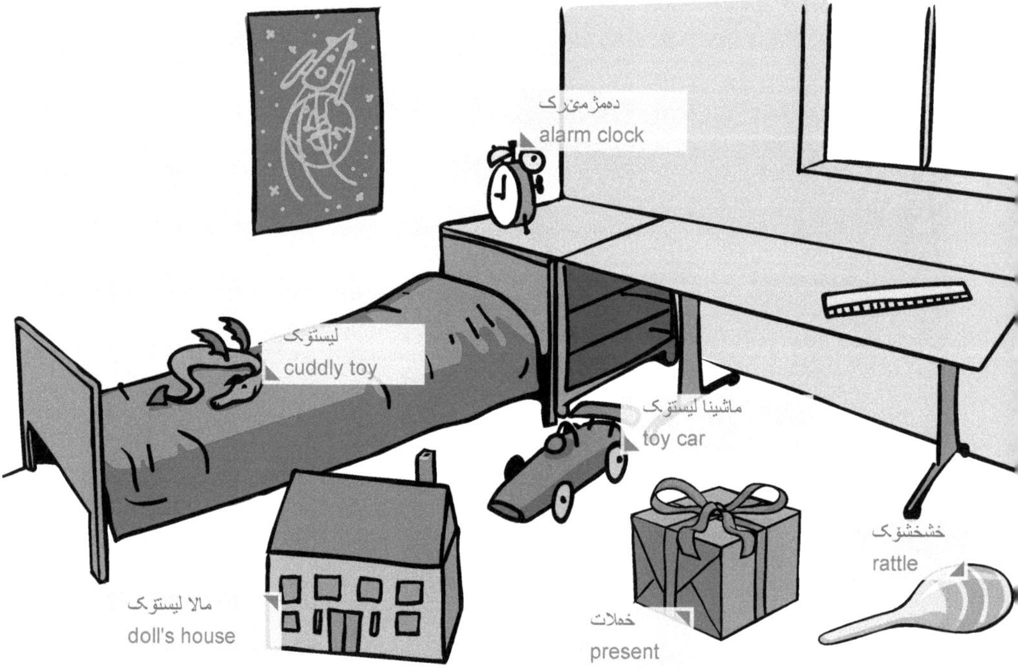

پفدانک

balloon

نڤین

bed

کۆچک

pram

لیستکا کارتێ

deck of cards

فریزبی

jigsaw

کۆمیک

comic

ئاجوورا لێگۆ
....
lego bricks

ئاجوورا لیستۆک
....
building blocks

بووکە شووشە
....
action figure

کنجا بەبکان
....
babygrow

فرزبێ
....
frisbee

ڤەگوهەستن
....
mobile

لیستکێن تەختە
....
board game

مۆر
....
dice

مۆدێلا ترێنێ
....
model train set

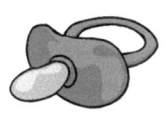

مەمک
....
dummy

جەژن
....
party

کتێبا وێنە
....
picture book

تۆپ
....
ball

بووکە شووشە
....
doll

لەییستن
....
play

کونا خیزێ

sandpit

جۆلانە

swing

لیستۆکان

toys

لیستکا ڤیدەۆیی

video game console

سێچەرخە

tricycle

هرچا لیستۆک

teddy bear

جلدانک

wardrobe

کنج

clothing

گۆرە

socks

گۆرە

stockings

دەرپێگۆرێ

tights

شال
scarf

چەتر
umbrella

كراس
t-shirt

قايش
belt

شمكال
boots

سۆلكئ ناڧ مالئ
slippers

سۆلك
trainers

سۆلك
sandals

سۆل
shoes

پۆتینا چرمئ
rubber boots

پانتۆلئ ژئر
underpants

پئسیربەند
bra

چمكبەند
vest

جەندەک

body

پانتۆل

trousers

ژەانس

jeans

دامان

skirt

کراس

blouse

کراس

shirt

فانێلە

pullover

فانێلە

hoodie

جاکێت

blazer

ساکۆ

jacket

چاکەت

coat

بارانی

raincoat

لەباس

costume

فیستان

dress

جلێ داوەتێ

wedding dress

چاکێت

suit

پێجامە

nightgown

پێجامە

pyjamas

ساری

sari

لەچک

headscarf

مێزەر

turban

هێرام

burqa

کافتان

kaftan

ئەبا

abaya

کنجا ئاژنێکرن

swimsuit

جلکا مەلەڤانی

trunks

شۆرت

shorts

جلا هێڤۆژکاری

tracksuit

پێشمال

apron

لەپک

gloves

دووگمه

....

button

بەرچاڤک

....

glasses

بازن

....

bracelet

گەردەنی

....

necklace

گوستیل

....

ring

گوهارک

....

earring

دەڤک

....

cap

هلاڤستەک

....

coat hanger

كووم

....

hat

کراوات

....

tie

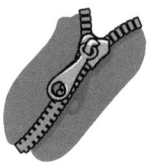

زیپ

....

zip

سەرپاریز

....

helmet

دەرزی

....

braces

کنجا دبستانێ

....

school uniform

یوونیفۆرم

....

uniform

بەردلک

....

bib

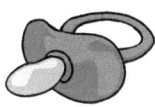

مەمک

....

dummy

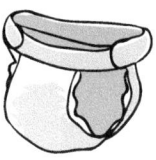

پونداخ

....

nappy

ئۆفیس

office

پێشکەشکەر
server
دۆلابێ بەلگە
filing cabinet
چاپەر
printer
کاخەز
paper
نیشاندەر
monitor
ماسە
desk
مشک
mouse
دەفتەر
folder
کلاڤیە
keyboard
سەپەتا کاخەزێ
waste-paper basket
کۆمپیوتەر
computer
کورسی
chair

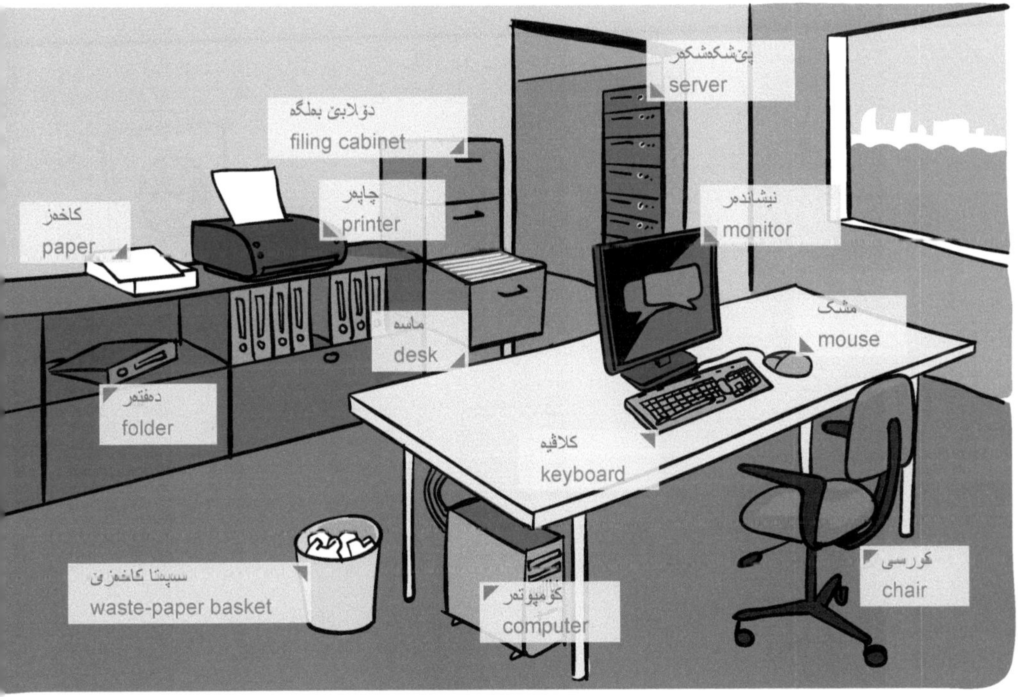

کاسکا قەهوە

....

coffee mug

هەسابکەر

....

calculator

ئینتەرنەت

....

internet

کۆمپیوتەرا لاپتۆپ

....

laptop

نامە

....

letter

پەیام

....

message

تەلەفۆنا مۆبیل

....

mobile

تۆر

....

network

مەکینا فۆتۆکۆپی

....

photocopier

سۆفتوارە

....

software

تەلەفۆن

....

telephone

سۆجکەتا فیشەک

....

plug socket

مەکینا فاخێ

....

fax machine

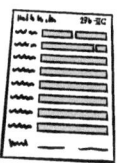

فۆرم

....

form

بەلگە

....

document

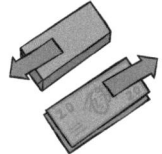

ئابۆری

economy

کرین

buy

پەرە دان

pay

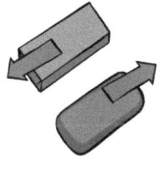

بازرگانی

trade

پەرە

money

دۆلار

dollar

یۆرۆ

euro

یەنێ ژاپۆنێ

yen

رۆبلێ رووسی

rouble

فرانکێ سویسێ

Swiss franc

یوانێ چینێ

renminbi yuan

رووپێ هندی

rupee

مەکینا ژخوەبەرا دراڤ

cashpoint

ئۆفیسا پەرە ڤەگوهارتنێ

bureau de change

زێڕ

gold

زیڤ

silver

نەفت

oil

وزە

energy

بها

price

پەیمان

contract

تاخ

tax

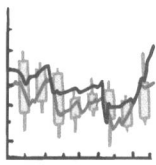

سەهام

stock

کارکرن

work

کارکەر

employee

کاردا

employer

فابریکا

factory

دکان

shop

پرۆفەسیۆن

occupations

پۆلیس
police officer
ئاگرکوژ
fireman
cook
بژیشک
doctor
فرۆکەڤان
pilot

باخچەڤان

gardener

نەجار

carpenter

دروونڤان

seamstress

هاکم

judge

شیمیازان

chemist

شانۆگەر

actor

شوفێرێ باسێ

bus driver

شوفێرەکی تاکسیێ

taxi driver

ماسیڤان

fisherman

پاگژکەر

cleaning lady

چێکرێ بانی

roofer

بەرکار

waiter

نێچرڤان

hunter

رەنگرێس

painter

نانپێژ

baker

کارەباڤان

electrician

ئاڤاکەر

builder

ئەندەزیار

engineer

قەساب

butcher

لوولەکار

plumber

پۆستەڤان

postman

ئەسکەر

....

soldier

میمار

....

architect

دراڤگر

....

cashier

فرۆتکارا چیچەکان

....

florist

پۆرچێکەر

....

hairdresser

ئاژۆڤان

....

conductor

مەکانیک

....

mechanic

کەشتیڤان

....

captain

پزیشکا ددانان

....

dentist

زانستیار

....

scientist

رووهان

....

rabbi

ئیمام

....

imam

کەشە

....

monk

کەشیش

....

clergyman

ئامووران
tools

چەکووچ
hammer
مووچینگ
pliers
جەربادەر
screwdriver
spanner
دارا چرا
torch

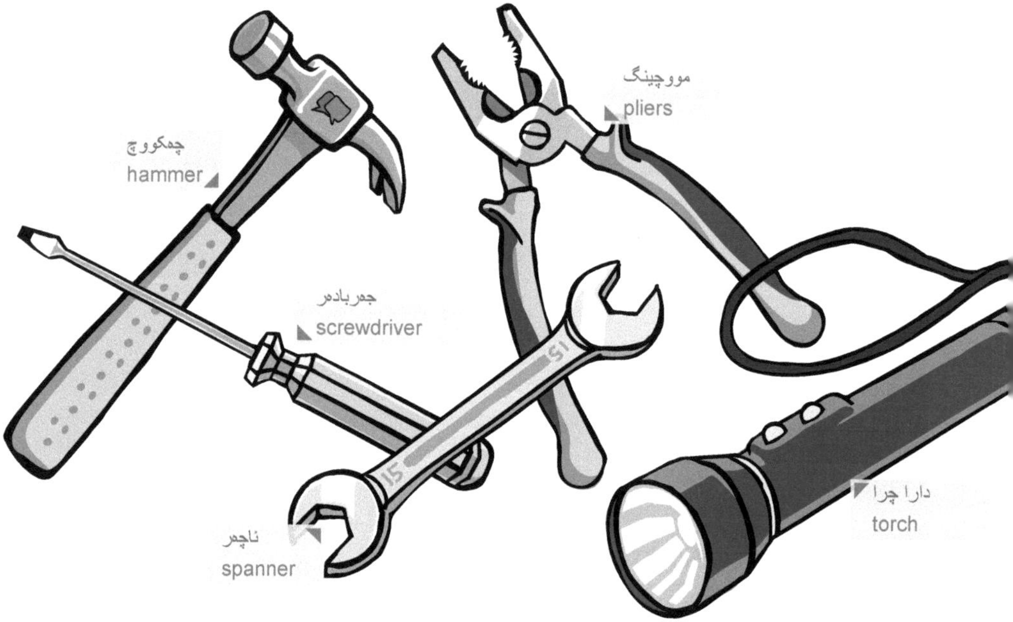

شۆفەل

digger

قووتیا ئامووران

toolbox

پەیژە

ladder

مشار

saw

میخ

nails

قولکرن

drill

چێکرن

repair

مەربێر

shovel

نالەت!

Damn!

بێل

dustpan

قووتیا رەنگێ

paint pot

جەر

screws

ئامووریێن موزیکێ

musical instruments

بلیندگۆ
loudspeaker
کۆمێ دەهۆل
drum kit
گیتار
guitar
جۆرەیا گیتار
double bass
زرنا
trumpet

پیانۆ
....
piano

ڤیۆلین
....
violin

باس
....
bass

دەهۆل
....
timpani

داهۆل
....
drums

کەیبۆارد
....
keyboard

ساکسۆفۆن
....
saxophone

بلوور
....
flute

میکرۆفۆن
....
microphone

باخچا هەیوانان

ZOO

پلنگ
tiger
قەفەس
cage
entrance
کەرێ چیا
zebra
خوارنا هەیوان
animal feed
پاندا
panda

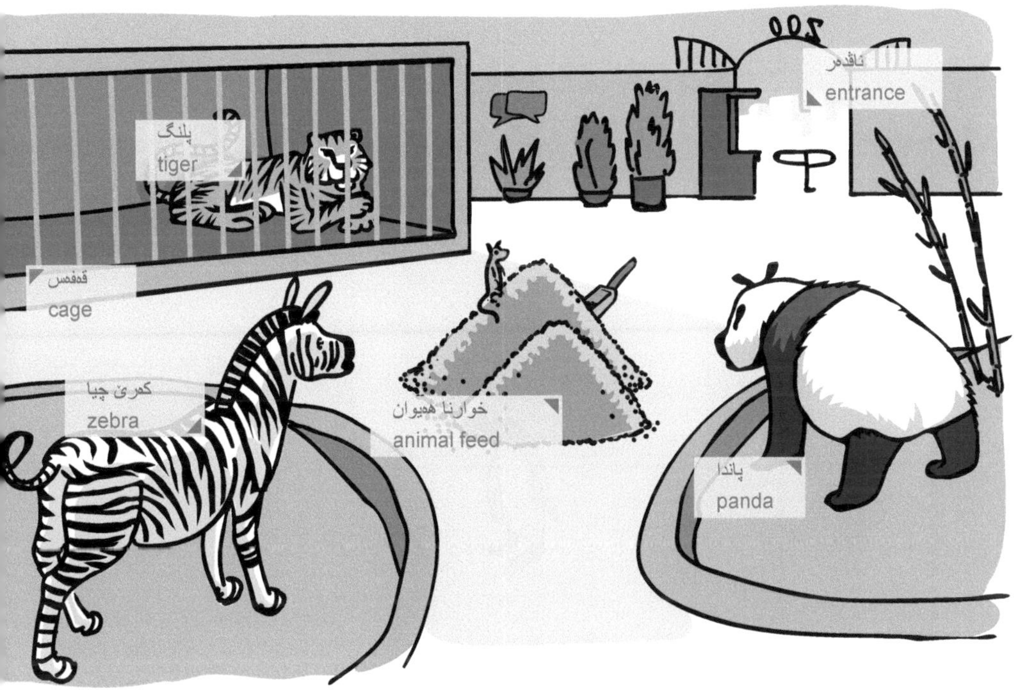

هەیوان

animals

فیل

elephant

کانگاروو

kangaroo

کەرکەدەن

rhino

گۆریل

gorilla

هرچ

bear

هێشتر

camel

هێشترمه

ostrich

شێر

lion

مەیموون

monkey

فلامینگۆ

flamingo

پاپاخان

parrot

هرچا جەمسەری

polar bear

پەنگوین

penguin

سەماسی

shark

تاوووس

peacock

مار

snake

تمساه

crocodile

پارێزەرا باخچا ئاژالان

zookeeper

سەیا دەریا

seal

پلنگ

jaguar

هەسپ

pony

پڵنگ

leopard

هەسپێ رووبار

hippo

جانەیشتر

giraffe

هەڵۆ

eagle

بەرازێ کۆڤی

boar

ماسی

fish

کووسی

turtle

والراس

walrus

رۆڤی

fox

خەزال

gazelle

وەرزش

sports

فووتبۆلێ ئامەریکا
American football
بسکلێتان
cycling
tennis
باسکێتبۆل
basketball
ئاڤژەنیکرن
swimming
بۆخنگ
boxing
هۆکەیا سەر جەمەدێ
ice hockey

فووتبۆل

football

بادمنتۆن

badminton

یێ ئاتلەتیزمێ

athletics

هەندبۆل

handball

بەفراژۆتن

skiing

پۆلۆ

polo

كەنین
laugh

ھەمیز
hug

ھلیمكە
jump

بریۆمچوون
walk

لاوژه گوتن
sing

خەون دیتن
dream

نمێژ كرن
pray

ماچكرن
kiss

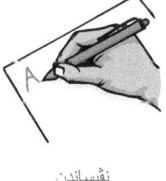

نڤیساندن
write

نیگار كێشان
draw

نیشان دان
show

پالدان
push

دایین
give

راكرن
take

هەبین

have

کرن

do

بوون

be

سەکنین

stand

بازدان

run

کشاندن

pull

ئاڤێتن

throw

کەتن

fall

دەرەو کرن

lie

سەکنین

wait

گوهێزتن

carry

روونشتن

sit

جل بەرکرن

get dressed

رازان

sleep

رابوون

wake up

مێزە کرن

....

look at

گرین

....

cry

جەلتە

....

stroke

شە کرن

....

comb

پەیڤین

....

talk

فامکرن

....

understand

پرسکرن

....

ask

بهیستن

....

listen

ڤەخوارن

....

drink

خوارن

....

eat

کۆم کرن

....

tidy up

هەزکرن

....

love

خوارن چێکرن

....

cook

ئاژۆتن

....

drive

فڕین

....

fly

کەشتیڤانی

....

sail

هەسباندن

....

calculate

خواندن

....

read

هینبوون

....

learn

کارکرن

....

work

زەوجین

....

marry

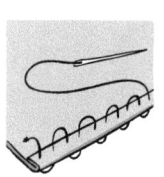

درووتن

....

sew

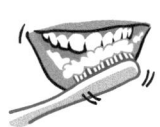

ددان شووتن

....

brush teeth

کوشتن

....

kill

دووخان

....

smoke

شاندن

....

send

داپیر
grandmother

باپیر
grandfather

باٻ
father

دئ
mother

بەبمک
baby

کمچ
daughter

کور
son

مېڅمان
guest

ممت
aunt

ناپ/خال
uncle

برا
brother

خوشل
sister

بەدەن

body

ئەنی
forehead
eye
مل
shoulder
finger
روو
face
زەنی
chin
دەست
hand
سینگ
breast
لنگ
leg
arm

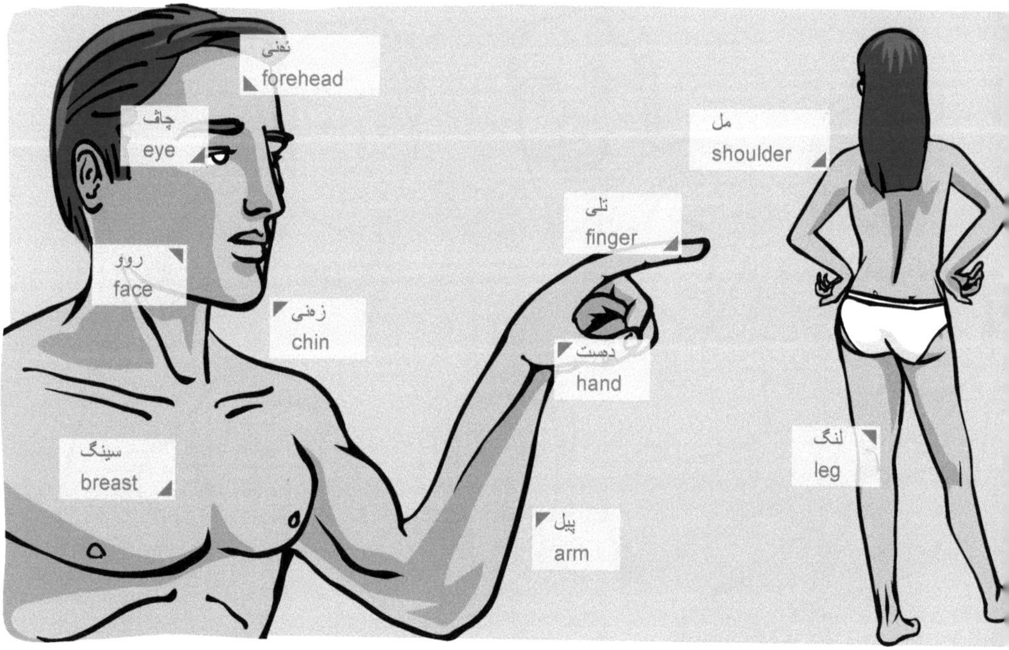

بەبەک

baby

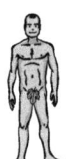

مێر

man

ژن

woman

کچ

girl

کوڕ

boy

سەر

head

پشت

back

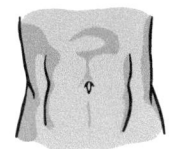

زک

belly

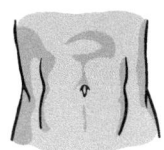

ناڤک

belly button

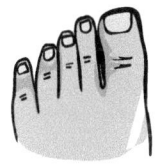

تلبیا پێ

toe

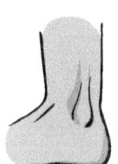

پانی

heel

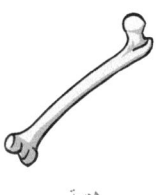

هەستی

bone

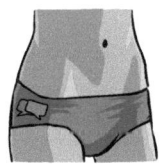

کوولیمەک

hip

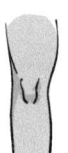

ژوونی

knee

ئەنیشک

elbow

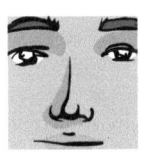

دفن

nose

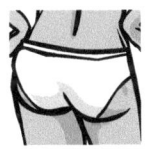

قوون

bottom

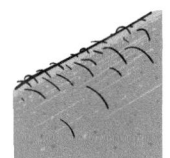

چەرم

skin

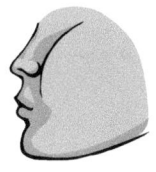

روو

cheek

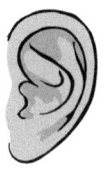

گووە

ear

لێڤ

lip

دەف

....

mouth

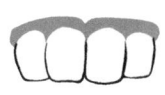

دران

....

tooth

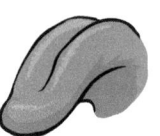

زمان

....

tongue

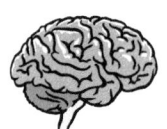

مێژی

....

brain

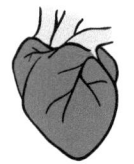

دل

....

heart

ماسوول

....

muscle

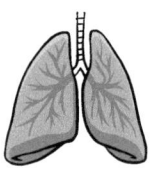

جیگەرا سپی

....

lung

جەگەر

....

liver

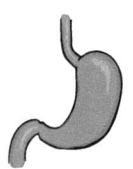

مادە

....

stomach

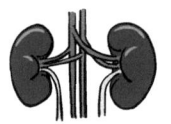

گوورچکان

....

kidneys

جۆتبوون

....

sex

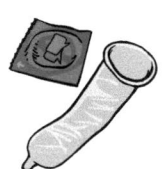

کۆندۆم

....

condom

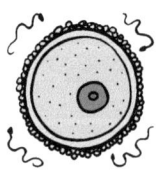

هێک

....

ovum

تۆڤ

....

semen

دووجانی

....

pregnancy

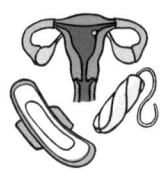

ئاده

menstruation

قووز

vagina

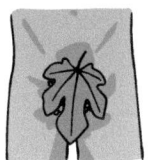

کیر

penis

برووٚ

eyebrow

پۆر

hair

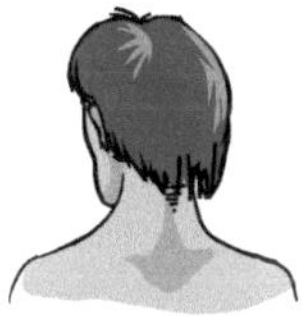

هووستوو

neck

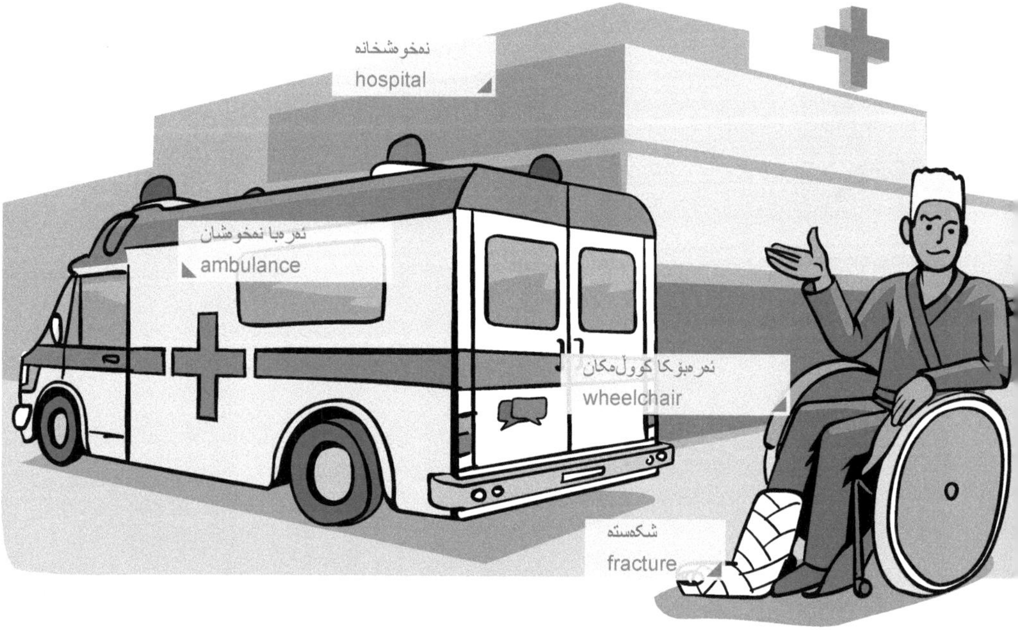

نەخوەشخانە

hospital

نەخوەشخانە
ئەرەبا نەخوەشان
ambulance
ئەرەبۆکا کووڵەکان
wheelchair
شکەستە
fracture

بژیشک

doctor

ئۆدا لەزگینێ

emergency room

نەخوەشیار

nurse

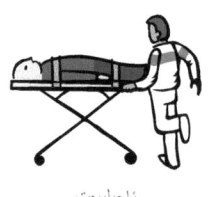

ئاجیلییەت

emergency

بێهای

unconscious

ئێش

pain

برین

injury

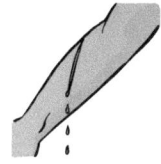

خوینپژان

bleeding

هێرشا دلی

heart attack

جەلتە

stroke

ئالەرژی

allergy

کوخک

cough

تا

fever

زکام

flu

ناڤچووین

diarrhoea

سەرێش

headache

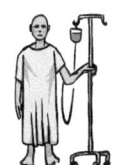

قانسێر

cancer

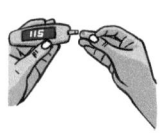

نەخوشیا شەکرێ

diabetes

ئەمەلیکار

surgeon

سکالپێل

scalpel

ئەمەلی

operation

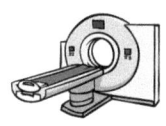

جت

CT

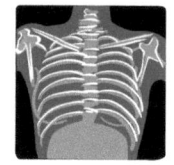

سوورەتی رۆنتگێن

x-ray

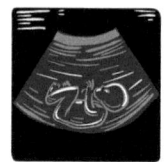

ئوولتراساوند

ultrasound

ماسکی رووبێ

face mask

نەخوەشی

disease

ئۆدا سەکنینێ

waiting room

گۆچان

crutch

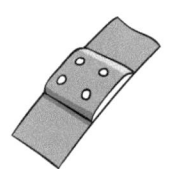

شێل

plaster

پاچێ برینپێچانێ

bandage

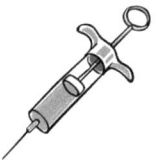

دەرزی

injection

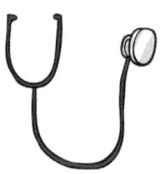

بیستوکا پزیشکی

stethoscope

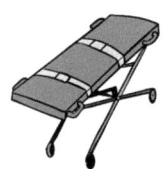

داربەست

stretcher

تێهنپیڤا کلینیکێ

clinical thermometer

زایین

birth

قەلەو

overweight

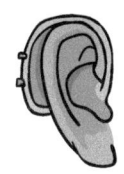

ئالیکاریا بهیستنێ

....

hearing aid

باکتەریکوژ

....

disinfectant

کۆتیبوون

....

infection

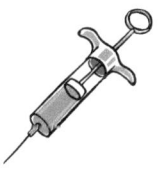

ڤیرووس

....

virus

هڤ / ئادس

....

HIV / AIDS

دەرمان

....

medicine

کوتان

....

vaccination

هەبان

....

tablets

هەب

....

pill

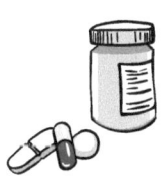

لەزگین

....

emergency call

دیمەندەرێ پەستۆ خوین

....

blood pressure monitor

نەخوەش / ساخ

....

ill / healthy

ئاجىلىيەت

emergency

ھەۋارا!
....
Help!

ئالارم
....
alarm

ئىغرىش
....
assault

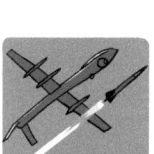

ئىغرىشكرن
....
attack

تالووك
....
danger

دەركەتنا ئاجل
....
emergency exit

ئاگر!
....
Fire!

ئاگر ۋەمراندنىغ
....
fire extinguisher

قەزا
....
accident

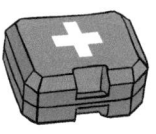

ئالەتىغن ئالىكاريا يەكەم
....
first-aid kit

سۆس
....
SOS

پۆلىس
....
police

ئەرد

Earth

ئەوروپا
....
Europe

ئامەریکایا باکوور
....
North America

ئامەریکایا باشوور
....
South America

ئافریکا
....
Africa

ئاسیا
....
Asia

ئاوسترالیا
....
Australia

ئاتلانتیک
....
Atlantic

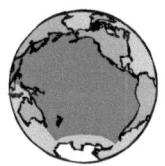

ئۆکیانووسا مەزن
....
Pacific

ئۆکیانووسا هندی
....
Indian Ocean

ئۆکیانووسا ئانتارکتیکا
....
Antarctic Ocean

ئۆکیانووسا ئارکتیک
....
Arctic Ocean

جەمسەرا باکوور
....
North Pole

جەمسەرا باشوور

South Pole

ئانتارکتیکا

Antarctica

ئەرد

Earth

ئاخ

land

بەهر

sea

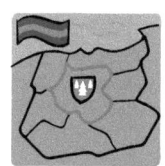

دوورگە

island

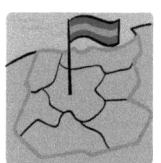

مللەت

nation

وەلات

state

ساەت

clock

روویێ ساەت

....

clock face

نشاندەرکا دەمژمێر

....

hour hand

نشاندەرکا دەقە

....

minute hand

نشاندەرکا سانیە

....

second hand

سێت چەندە؟

....

What time is it?

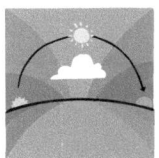

رۆژ

....

day

دەم

....

time

نها

....

now

ساەتێ دجیتال

....

digital watch

دەقە

....

minute

سێت

....

hour

week

MO
TU
W
TH
FR
SA
دووشەم
Monday
سێشەم
Tuesday
چارشەم
Wednesday
پێنجشەم
Thursday
یێ/هەینی
Friday
شەمی
Saturday
یێکشەم
Sunday

TUE
MON

دوه
....
yesterday

TUE

ئیرۆ
....
today

TUE

سبەی
....
tomorrow

سبە
....
morning

نیڤرۆ
....
noon

ئێڤار
....
evening

رۆژێن کاری
....
business days

داویا هەفتە
....
weekend

سال

year

باران
rain
کەسکەسۆر
rainbow
با
wind
بەفر
snow
بهار
spring
هاڤین
summer
پاییز
autumn
زڤستان
winter

4.APRIL 11°
5.APRIL 4°
6.APRIL 13°
7.APRIL 8°
8.APRIL 10°

پێشبینیا هەوا

weather forecast

F
C
120
90
60
30
0
-30
40
30
20
10
0
-10
-20

تەهنپیڤ

thermometer

تاڤ

sunshine

هەور

cloud

مژ

fog

هێمی

humidity

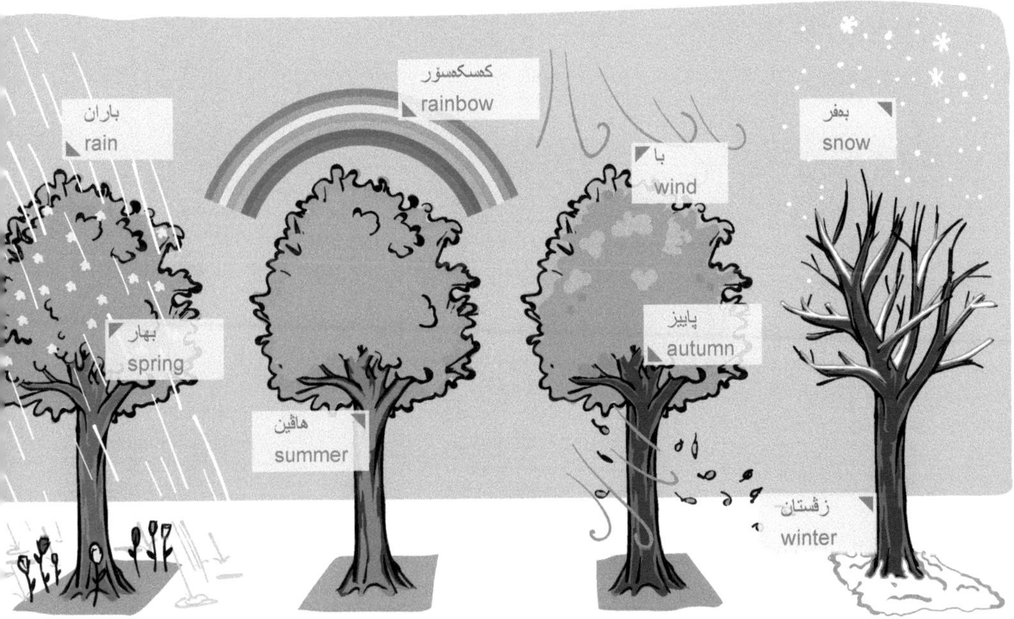

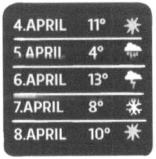

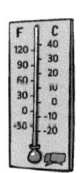

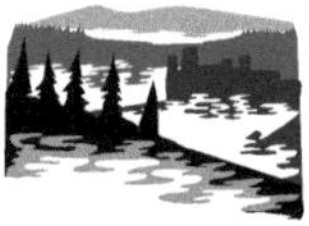

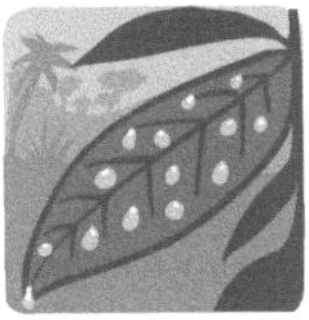

برق

lightning

برووسک

thunder

تۆفان

storm

تەرگ

hail

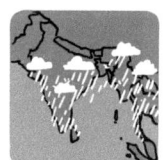

مانسوون

monsoon

لەهی

flood

جەمەد

ice

ڕێبەندان

January

رەشەمە

February

نەورۆز

March

گوڵان

April

جۆزەردان

May

پووشپەڕ

June

گەلاوێژ

July

خەرمانان

August

سال - year

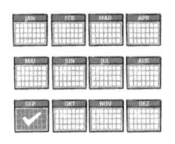

رەزبەر

September

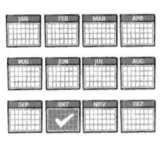

کەوچێر

October

سەرماوەز

November

بەفرانبار

December

شێوە

shapes

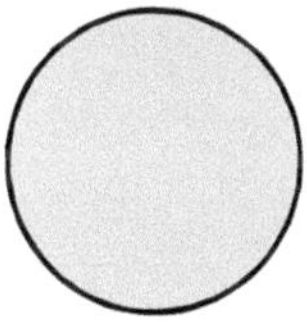

چەمبەر

circle

چارچک

square

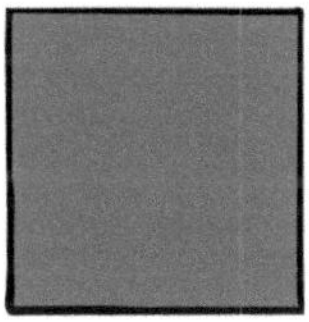

چارقوزی

rectangle

سێقوزی

triangle

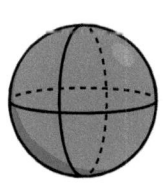

قادا

sphere

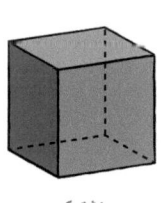

خشتمک

cube

رەنگان

colours

سپی

white

زەر

yellow

پرتەقالی

orange

پەمبە

pink

سۆر

red

مۆر

purple

شین

blue

کەسک

green

قەهوەیی

brown

گەور

grey

رەش

black

بەرامبەران

opposites

زۆر / کێم

....

a lot / a little

ب هێرس / بێدەنگ

....

angry / calm

بەدەو / نەرند

....

beautiful / ugly

دەستپێک / داوی

....

beginning / end

مەزن / بچووک

....

big / small

رۆنی / تاری

....

bright / dark

براک / خوشک

....

brother / sister

پاگژ / گرێژ

....

clean / dirty

تەڤی / نەتەمام

....

complete / incomplete

رۆژ / شەڤ

....

day / night

مری / زندی

....

dead / alive

فرە / تەنگ

....

wide / narrow

خوەش / نەخوەش

edible / inedible

نەباش / باش

evil / kind

ب هەیەجان / ئاجز

excited / bored

قەلەو / زراڤ

fat / thin

یەکەمین / داوین

first / last

هەڤال / دژمن

friend / enemy

تژی / ڤالا

full / empty

رەق / نەرم

hard / soft

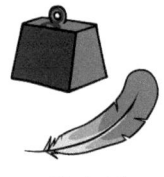

گران / سڤک

heavy / light

برچی / تینی

hunger / thirst

نەخوەش / ساخ

ill / healthy

نەقانوونی / قانوونی

illegal / legal

رەوشەنبیر / بالوولە

intelligent / stupid

چەپ / راست

left / right

نێزی / دوور

near / far

نوو / بکارهاتی
....
new / used

هیچ / تشتەک
....
nothing / something

کال / جوان
....
old / young

ل / ژ
....
on / off

ڤەکری / گرتی
....
open / closed

ئارام / دەنگبلند
....
quiet / loud

دەولەمەند / رەبەن
....
rich / poor

راست / شاش
....
right / wrong

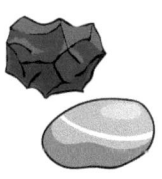

دڕ / هلوو
....
rough / smooth

خەمگین / شا
....
sad / happy

کورت / درێژ
....
short / long

هێدی / زوو
....
slow / fast

شل / زوا
....
wet / dry

گەرم / هێنک
....
warm / cool

شەڕ / ئاشتی
....
war / peace

هەژماران

numbers

0	1	2
سفر	یەک	دوو
zero	one	two
3	4	5
سێ	چار	پێنج
three	four	five
6	7	8
شەش	هەفت	هەشت
six	seven	eight
9	10	11
نەه	دەه	یازدە
nine	ten	eleven

12

دازده

twelve

13

سیزده

thirteen

14

چارده

fourteen

15

پازده

fifteen

16

شازده

sixteen

17

حەڤده

seventeen

18

هەژده

eighteen

19

نۆزدەه

nineteen

20

بیست

twenty

100

سەد

hundred

1.000

هەزار

thousand

1.000.000

ملیۆن

million

زمانان

languages

ئینگلیزی

....

English

ئنگلیزیا ئامەریکی

....

American English

چینی ماندارین

....

Chinese Mandarin

هیٚندی

....

Hindi

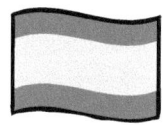

ئیسپانیۆلی

....

Spanish

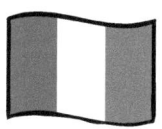

فرەنسی

....

French

ئەرەبی

....

Arabic

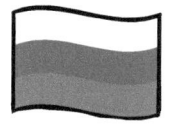

رووسی

....

Russian

پۆرتوگالی

....

Portuguese

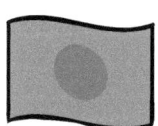

بەنگالی

....

Bengali

ئەلمانی

....

German

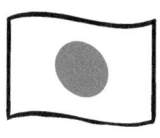

ژاپۆنی

....

Japanese

کی / چ / چاوا
who / what / how

من
....
I

تو
....
you

ئەو / ئەڤ / ئەو
....
he / she / it

ئەم
....
we

تو
....
you

ئەو
....
they

کی؟
....
who?

چ؟
....
what?

چاوا؟
....
how?

کیدەرێ؟
....
where?

کەنگی؟
....
when?

ناڤ
....
name

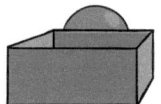

کوو

where

پشتی
....
behind

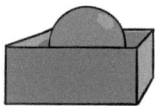

....
in

پێشی
....
in front of

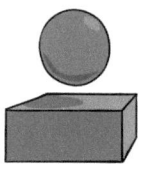

سەر
....
over

سەر
....
on

بن
....
under

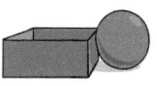

کێلەک
....
beside

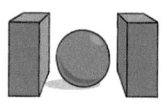

ناڤبەر
....
between

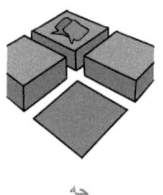

جه
....
place